AF411023

PLAIDOYER

PRONONCÉ

AU TRIBUNAL DE POLICE

DE L'HOTEL-DE-VILLE DE PARIS,

Le Mercredi 27 Janvier 1790.

POUR CHARLES-HENRI SANSON, Exécuteur des Jugemens criminels de la Ville, Prévôté & Vicomté de Paris ;

CONTRE *le sieur* PRUDHOMME, *Marchand Papetier, se disant Editeur & Propriétaire du Journal intitulé :* Révolutions de Paris, dédiées à la Nation & au District des Petits-Augustins ; *le sieur* GORSAS, *Auteur du* Courier de Paris dans les Provinces, & des Provinces à Paris, *Journal ayant pour épigraphe :* Vires acquirit eundo ; *& le sieur* QUILLAU, *Imprimeur dudit Journal ; le sieur* DE BEAULIEU, *Auteur d'une Feuille périodique ayant pour titre :* Assemblée Nationale, 6ième Séance dans la Capitale, Suite des Nouvelles de Paris ; *le sieur* GUILLAUME *junior, Imprimeur de ladite Feuille ; ledit sieur* GUILLAUME, *Imprimeur d'une autre Feuille sans nom d'Auteur, intitulée :* L'Espion de Paris & des Provinces, ou Nouvelles les plus secrètes du jour, *avec cette épigraphe :* Le mot d'Espion ne fait peur qu'aux coupables; *le sieur* DESCENTIS, *Auteur d'un Journal ayant pour titre :* Le Courier de Paris, ou le Publiciste Français, *Journal politique, libre & impartial, par une Société de Gens de Lettres, avec cette épigraphe :* Nec lædere, nec adulari ; *la Veuve* HÉRISSANT, *Imprimeur de ladite Feuille périodique ; le Sieur* CAMILLE DESMOULINS, *Auteur des* Révolutions de France & du Brabant ; *& le sieur* GARNERY, *Libraire Distributeur dudit Journal.*

DEUXIEME ÉDITION,

Revue, corrigée & augmentée.

<hr>

1790.

L'ACCUEIL favorable que le Public a fait à ce Plaidoyer, qu'on nous demande tous les jours, le compte avantageux qu'en ont rendu plufieurs Journaux, & principalement les N.os. 8, 9, 10, 11, 14 & 15 du *Fidele Obfervateur*, & le N.º. 29 des *Révolutions de Paris*, par M. *Tournon*, la nature de l'affaire qui en eft l'objet, nous ont fait croire que c'étoit donner un nouveau luftre à la réputation de fon Auteur, que de le réimprimer. Nous penfons que dans un tems où les Français deviennent philofophes, & s'affranchiffent de tous les préjugés, nous ne pouvons trop faire connaître les Ouvrages qui contribuent à cette Révolution morale.

L'Auteur vient auffi de publier un Mémoire, pour les Exécuteurs des Jugemens criminels de toutes les Villes du Royaume, où il prouve la légitimité de leur état. L'extrait fuivant du N.º. 116 de l'*Ami du Peuple* donnera une jufte idée de cet Ouvrage, qui fe trouve chez *Cailleau*, Imprimeur-Libraire, rue Gallande, N.º. 64, & chez *Froullé*, Libraire, quai des Auguftins, N.º. 39.

« Quoiqu'il n'entre pas dans le plan de notre Journal d'annon-
» cer les Ouvrages nouveaux ; nous ne pouvons réfifter à l'envie
» de faire connoître à nos Lecteurs un chef-d'œuvre de fenfibi-
» lité, de goût & d'érudition ; c'eft le Mémoire de M. *Maton*
» *de la Varenne*, Jurifconfulte auffi eftimable que Littérateur
» diftingué, qui a plaidé avec tant de chaleur, d'énergie &
» de fuccès contre les calomniateurs du fieur *Sanfon*. Le
» préjugé qui voue les Exécuteurs à l'infamie fe trouve
» abfolument détruit dans ce Mémoire, qu'on ne peut
» lire fans attendriffement, & l'Affemblée Nationale, à qui
» il eft adreffé, ne peut qu'accueillir les réclamations qui ont
» pour bafe les droits imprefcriptibles de l'homme, de la
» raifon & de la philofophie. »

PLAIDOYER

PRONONCÉ

AU TRIBUNAL DE POLICE

DE L'HOTEL-DE-VILLE DE PARIS,

Le Mercredi 27 Janvier 1790.

POUR CHARLES-HENRI SANSON, Exécuteur des Jugemens criminels de la Ville, Prévôté & Vicomté de Paris ;

CONTRE *les Sieurs* PRUDHOMME, GORSAS, QUILLAU, DE BEAULIEU, GUILLAUME junior, DESCENTIS, *la Veuve* HERISSANT, CAMILLE DESMOULINS, & GARNERY.

MESSIEURS,

SI l'Avocat, interprête des loix, n'étoit pas impassible comme elles ; si les préjugés, ces enfans monſtrueux d'une imagination en délire, pouvaient glacer fon courage ; s'il n'accordait les fecours de fon miniftere qu'à des hommes qui occupent un rang diftingué dans la fociété ; fi enfin il faifait acception des perfonnes ; nous en nous ferions pas chargés de la caufe que nous venons plaider à votre Tribunal.

Mais , Meffieurs , ce qui honore particuliérement notre miniftere , c'eft la protection fpéciale que nous accordons au faible , à l'homme ifolé que l'on opprime injuftement , à la veuve & à l'orphelin que l'on dépouille , à l'accufé qui nous invoque. Toute confidération qui pourrait nous empêcher de remplir notre devoir , ferait un crime.

Diffamation fans exemple , calomnies atroces , libelles infâmes ; telles font les armes dont quelques périodiftes audacieux , fans frein , comme fans pudeur (1) , n'ont pas honte de fe fervir contre le Citoyen irréprochable qui fe trouve aujourd'hui forcé de réclamer votre juftice.

Nous avons eu l'honneur Meffieurs, de vous lire ,

---

(1) En nous exprimant de la forte , nous n'entendons pas parler de ces Ecrivains eftimables , de ces Journaliftes modérés , qui ne préfentent à la Nation que des vérités utiles , & qui refpectent la réputation de leurs concitoyens. Nous avons imprimé quelque part que *la dignité de l'homme de lettres eft une efpece de facerdoce qu'ont toujours redouté les tirans.*

(5)

à votre audience du 16 de ce mois (1), les différens libelles périodiques, où l'on préfente celui que je défens comme un des principaux chefs d'une *ariftocratie* & de complots infâmes, tendants à empêcher l'heureufe régénération qui fe prépare ; vous avez vu que fa maifon y eft défignée comme le repaire infâme où fe raffemblent les ennemis de la Nation, pour concerter fa ruine, comme le foyer de toutes les conjurations qui nous alarment, comme le laboratoire impur où fe fabriquent tous les écrits crapuleufement incendiaires, qui inondent la Capitale & les Provinces ; vous avez vu des tranfcriptions d'interrogatoires qui n'ont jamais été fubis par mon client, & les aveux qu'on lui fait faire de fes prétendus crimes. Sans doute, Meffieurs, vous avez été faifis d'indignation, comme tous les bons Citoyens, en voyant jufqu'à quel point la malignité peut égarer des Ecrivains, dont les talens feraient utiles à leur Patrie, s'ils les employaient à lui montrer fes priviléges & fes droits, à éclairer les Peuples, à inftruire les Rois & les dépofitaires de l'autorité. Daignez écouter une nouvelle lecture de ces

____

(1) La caufe fut remife au 27, après les conclufions prifes & la lecture de quelques-uns des Journaux dont il s'agit.

licencieux pamphlets, & celle de plufieurs autres ,
dont vos oreilles n'ont pas encore été frappées.
Elle vous fera voir que jamais la diffamation & la
calomnie ne fe montrerent avec plus d'audace, &
vous fentirez combien il eft néceffaire de répri-
mer promptement des défordres qui expofent la
fûreté individuelle de celui que je défens.

EXTRAIT *de la page* 27 *du* N°. 23 *des* Révolutions
de Paris , *qui fe trouvent chez* Prudhomme.

« On vient de découvrir que les ariftocrates ont
» des preffes privées à leur ufage. On ne croira
» jamais où ils les avaient établies !.. Chez *Sanfon* ,
» Bourreau de Paris ! Le Diftrict des Capucins de
» la Chauffée d'Antin , y a fait une defcente, & il
» les a trouvées occupées à travailler pour l'arifto-
» cratie. Jugez , citoyens, par les relations qu'ont
» déja les ariftocrates avec l'honnête M. *Sanfon* ,
» le parti qu'ils tireraient de fes fervices & de fes
» talens, s'ils étaient les plus forts (1) ».

---

(1) Les preffes dont il s'agit n'ont pas été trouvées chez
le fieur *Sanfon* , comme on l'annonce , mais dans un corps de
bâtiment féparé de fa maifon, & occupé par le fieur *Rozé* ,
Imprimeur National. Si celui ci eût été accufé, & fi nous
euffions été fon Défenfeur, nous euffions prouvé fans peine
qu'il n'imprimait que des écrits patriotiques.

(7)

EXTRAIT du *Courier de Paris dans les Provinces,
& des Provinces à Paris*, N°. 19, par M. Gorſas,
citoyen de Paris, *de l'Imprimerie de* Quillau. (1)

« Il s'eſt beaucoup agi de l'exécuteur des arrêts
» criminels dans les dernieres ſéances (2). Pen-
» dant qu'on s'occupait fort à propos de ſon
» *éligibilité* ou de ſa *non éligibilité*, il s'occupait
» lui, des moyens de ſe rendre digne d'être *éligi-*
» *ble*. Par exemple', il avait chez lui des preſſes
» ſur leſquelles s'imprimaient tous les abominables
» libelles qu'on faiſait circuler dans nos provinces ,
» pour les exciter à la révolte & aux meurtres ;
» c'était dans la laide & tortueuſe rue Saint-Jean ,
» dans la maiſon odieuſe d'un Bourreau, que ſe
» tenaient des aſſemblées dont les *honorables mem-*
» *bres* s'occupaient utilement à rédiger leurs pen-
» ſées ; c'était de ce foyer impur que s'élançaient
» ces écrits incendiaires qu'on faiſait circuler en-

(1) EXTRAIT de la page 20 d'une Brochure nouvelle
intitulée : *Correſpondance de quelques Gens du monde ſur les
affaires du tems.*
« Le Courier de M. *Gorſas* eſt abondant en matières ; mais
» non en réfléxions piquantes, ou en anecdotes peu connues.
» Il dit tout, le vrai ET LE FAUX ; ce qu'il ſait & ce QU'IL
» NE SAIT PAS ; le bien & LE MAL, il eſt preſque oublié. »
(2) Séance de l'Aſſemblée Nationale, du 24 Décembre
1789.

» suite sous le cachet respectable de l'Assemblée
» Nationale…. Quels sont les Auteurs de ces exé-
» crables productions? On n'en sait rien; mais,
» nous le répétons, ils circulaient sous le cachet
» de l'Assemblée. »

« Ces presses sont enlevées , & l'honorable
» Bourreau est arrêté, & a été constitué prison-
» nier dans les prisons de la force. On assure cepen-
» dant qu'il se tirera d'affaire; il a des amis puissans
» qui prouveront peut-être qu'on a commis en sa
» personne un crime de lèze-citoyen , & qui le
» prouveront avec autant d'éloquence , qu'on a
» prouvé à l'Assemblée Nationale qu'il devait être
» éligible. »

EXTRAIT d'un Journal imprimé chez *Guillaume
junior* , & ayant pour titre : *l'Espion de Paris &
des Provinces, ou Nouvelles les plus secrètes du
jour* , Nᵒ· 2. (1)

» L'exécuteur des hautes-œuvres a subi avant-
« hier un premier interrogatoire ; ses réponses n'ont
» rien de satisfaisant pour ceux qui voudraient avoir
» des renseignemens sûrs & certains touchant la
» fatale conspiration dont sa maison était le foyer.

---

(1) Ce *véridique* Journal , qui annonçait des *nouvelles*
si *secrètes* , qu'elles étaient ignorées de ceux mêmes qu'elles
concernaient , est tombé au second Numero.

» C'était-là que fe tenaient des affemblées noctur-
» nes préfidées par des ariftocrates qui ne rougif-
» faient pas de s'affocier à un homme qui tôt ou
» tard aurait été obligé, par état, de venger fur
» cette horde de Catilina, les maux qu'ils prépa-
» raient aux amis de la conftitution ; c'était dans
» ce repaire que s'imprimaient les libelles incen-
» diaires qui tendaient à foulever le peuple. Cet
» agent ariftocratique, bien préparé, a foutenu
» que fon emplacement étant trop grand, & le
» nombre des pauvres qui venait l'affaillir trop
» multiplié ; il en avait loué une partie pour leur
» faire l'aumône plus à fon aife ; en vérité cette
» action eft digne des plus grands éloges. Après
» un trait auffi humain, nous ferions tentés de
» croire qu'il n'eft point coupable ; mais fuivons
» fon interrogatoire ; écartons toute animofité ;
» & nous prouverons fans crainte ce que nous
» avons avancé ; l'hôte ariftocratique ne connoif-
» fait pas fes locataires, ni leur état, & n'avait
» pris aucune information. Cette réponfe-ci ne
» vaut pas la première : fa confcience commen-
» çait déjà à lui reprocher fon forfait, & fi on
» n'eût pas craint d'abufer de l'embarras où il fe
» trouvait, peut-être nous eut-il mieux inftruit.
» Ne perdons pas courage ; dans quelques jours
» nous en faurons davantage. »

EXTRAIT d'un Journal imprimé chez le même
fieur *Guillaume*, ayant pour titre : *Affemblée
Nationale*, 61e *féance dans la Capitale*, &c.
Par M. *de Beaulieu*.

« C'était dans la maifon de l'exécuteur qu'é-
» taient les preffes qui fervaient à imprimer les
» libelles atroces qui circulent contre l'Affemblée
» Nationale. On tenait auffi, dit-on, des conci-
» liabules ariftocratiques dans ce fingulier hofpice.
» Quoiqu'il en foit, l'exécuteur a été arrêté &
» conduit dans les prifons du Châtelet ; & voici
» fon premier interrogatoire, tel qu'il nous a été
» envoyé. Interrogé dans quel deffein il avait
» placé des preffes dans fa maifon ; a dit qu'il
» croyait rendre fervice aux ouvriers, ayant un
» emplacement vuide, de leur prêter l'endroit fans
» profit. *D.* Mais pourquoi vous prêtez-vous à
» favorifer le mal, fur-tout dans les circonftances
» où nous nous trouvons ? A répondu qu'il le fai-
» fait pour en faire don aux pauvres ? *D.* Vos gé-
» nérofités ne dépendaient pas de ces ouvrages !
» A répondu qu'il ne le faifait pas pour en tirer
» profit. *D.* Je le crois, vos appointemens peuvent
» fuffire à votre maifon ? *R.* Il eft vrai, mais étant
» affailli par la multitude des pauvres, je fus obli-
» gé de prêter l'emplacement qui m'était inutile.

(11)

» *D.* Vous faviez que ce qu'on faifait chez vous était
» oppofé au bien public. *R.* Ne fachant pas ce que
» faifaient les perfonnes qui travaillaient , je crois
» que je ne fuis compromis en rien. *D.* Pourquoi
» plufieurs perfonnes fe font-elles évadées , lorf-
» que vous avez été arrêté ? *R.* Il faut croire que
» ce font les maîtres de ceux qui travaillaient. *D.*
» Les connaiffez-vous ? *R.* Non *D.* On ne loue pas
» un emplacement fans garant. *R.* Je l'ai fait com-
» me font les principaux locataires , fans informa-
» tions (1) , étant dans un quartier écarté & in-
connu au monde. »

EXTRAIT d'un Journal publié par le Sieur Defcentis , *imprimé chez la veuve* Hériffant , *& intitulé* :
le Courier de Paris , *ou le Publicifte* François ;
*Journal politique , libre & impartial , par une So-
ciété de gens de Lettres ,* N° 77 , *avec cette épigraphe* : nec lædere , nec adulari.

« Nous n'avions point ajouté foi au bruit qui
» s'étoit répandu , que les affemblées des confpira-

______

(1) Il a été prouvé à l'Audience que le fieur *Sanfon* avait
pris toutes les informations néceffaires fur fon nouveau loca-
taire , & nous avons repréfenté des certificats qui atteftaient
la probité & la bonne réputation du fieur *Rozé.*

» teurs contre MM. de la Fayette & Bailly se te-
» noient chez le Bourreau de Paris ; mais nous ap-
» prenons, dans le moment, que cet Exécuteur des
» Arrêts criminels vient d'être arrêté & conduit
» dans les prisons du Châtelet, ainsi que trente
» particuliers, soupçonnés d'avoir trempé dans
» cette conspiration ».

Extrait du N° 81 *du même Journal.*

» On assure que, dans plusieurs villes de pro-
» vince, des bandes d'aristocrates, aux ordres de
» ceux de Paris, & tout aussi mal intentionnés
» qu'eux, avoient choisi les maisons des Bourreaux,
» pour y tenir leurs assemblées ; que de-là ils cor-
» respondoient avec les Chefs de la dernière cons-
» piration, & qu'ils en recevoient leurs instruc-
» tions. On ajoute même que quelques-uns de ces
» Exécuteurs des Arrêts criminels, & partie des
» particuliers qui se rassembloient chez eux, ont
» été enlevés par des détachemens de Gardes Na-
» tionales, pour être amenés dans les prisons de
» Paris. — Si cette nouvelle est vraie, elle ne tar-
» dera pas sans doute à se confirmer ».

(13)

EXTRAIT des Révolutions de France & du Brabant, *N° 7 , pages 306 & 307. (1).*

» Les beaux esprits de la faction verte viennent de
» publier le *Prospectus* d'un Journal lyrique, où ils
» se proposent de mettre les décrêts en vaudevilles

(1) EXTRAIT DU JOURNAL DE PROVENCE , *feuille du 12 Janvier 1790.*

« L'amour de la liberté n'est pas , Monsieur , un fanatisme
» effréné , & un Journal ne doit pas être un libelle périodi-
» que ; il n'y a que l'Auteur des *Révolutions de France & du*
» *Brabant* , qui ne sente pas cette différence ; mais personne
» ne la fait mieux sentir que lui. Ne serait-il pas possible ,
» Monsieur, de faire effacer mon nom de la liste de ses sous-
» cripteurs ! Mal employer son argent n'est pas un grand
» malheur , & je ne réclame pas le mien : mais je voudrais
» m'éviter le désagrément de recevoir, à époque fixe & à
» mon adresse, un pamphlet de mauvais goût, où les choses
» sacrées ne sont pas même respectées, & où la chose du
» monde la plus aimable , la liberté , est défigurée au point
» que l'Auteur paraît bien moins inspiré par elle, que sou-
» doyé par ses ennemis pour l'enlaidir & la diffamer. »

Signé , DEMOPHILE.

EXTRAIT de la page 23 d'une Brochure nouvelle intitulée :
Correspondance de quelques Gens du monde sur les affaires du tems.

« RÉVOLUTIONS DE FRANCE ET DU BRABANT , par
» *Camille Desmoulins* , &c. C'est encore un de ces démocrates
» déterminés qui croient devoir offrir des victimes au Peuple,
» & assemblent autour d'eux les passans, à force de crier
» d'invectives. »

» & en *Pont - neufs*, pour tourner en ridicule
» l'augufte Affemblée, &c. *On affure que ce Iournal*
» *eft le recueil facétieux des couplets que chantoit n'a-*
» *guères la table-ronde des ariftocrates, à fes petits*
» *foupers chez le Bourreau de Paris.* Soit rancune
» contre la lanterne, & contre M. *Guillotin*, foit
» que la vifite de tant de beau monde lui eut tourné
» la tête, *M. Sanfon régaloit le cercle de fon mieux* ».

Je vous le demande, Meffieurs, je le demande
au Public qui m'entend, je le demande aux Sieurs
Prud'homme, *Gorfas*, *de Beaulieu*, *Defcentis*, &
Defmoulins, eux-mêmes, & à leurs Imprimeurs &
Diftributeurs : la diffamation & la calomnie peu-
vent-elles verfer leurs poifons avec plus de fureur ?
Non fans doute, & lorfqu'on lit de pareilles atro-
cités, le fang s'allume; la prudence, la modération,
que l'immortel d'Agueffeau met au rang des devoirs
effentiels de l'Orateur, le refpe{ct} dû à la majefté de
votre audience, peuvent à peine contenir les élans
de l'indignation.

D'après cela, celui que je défends n'a-t-il pas
droit aux réparations qu'il demande ? Elever une
queftion à ce fujet, ce ferait, Meffieurs, mettre
en problême votre juftice & vos lumières.

« La calomnie, dit Me. *Dareau*, dans fon
» *Traité des injures*, eft un poifon fi dangereux
» pour la fociété, qu'on ne doit jamais en être

» déclaré coupable impunément. Tout ce que le
» crime a de plus bas fe trouve dans la calomnie ».

Un Auteur célèbre par fes talens, & les malheurs
fans nombre, qu'il a effuyés ; dit, que « la diffa-
» mation eft au moral ce que l'empoifonnement
» eft au phyfique. C'eft , pourfuit-il, un genre
» d'attaque contre lequel il eft comme impoffi-
» ble de fe défendre. Il eft mille fois plus aifé
» d'accréditer un propos qui tue l'honneur d'un
» citoyen , que de faire paffer dans fon corps une
» compofition mortelle. La peine devrait donc
» être proportionée à la difficulté de s'en garantir.
» On ne connaît point d'antidote contre la calom-
» nie, au lieu qu'on n'eft pas fans reffource contre
» le poifon ».

Plus loin , le même Auteur s'exprime en ces
termes : « tout ce qui n'eft point contredit, paffe
» pour inconteftable. Bientôt l'impofture la plus
» révoltante acquiert, fans autre examen, la force
» de la vérité..... Bientôt s'éleve un cri univerfel
» qui prononce la condamnation de l'infortuné ;
» on fe trouve enfin au point que la vertu elle-
» même fe croit obligée d'y foufcrire ».

Il réfulte de ce que nous venons de dire, Meffieurs, que les Tribunaux ne peuvent jamais trop
févir contre les calomniateurs & les diffamateurs.
De toutes les efpèces d'injures qu'on peut faire

à un citoyen , la calomnie eſt certainement la plus condamnable , puiſqu'elle part d'une ame baſſe & corrompue. Et s'il eſt arrivé ſi ſouvent que les calomnies verbales ont été punies des peines les plus ſévères ; ſi ces peines ont tant de fois noté d'infamie les calomniateurs , à plus forte raiſon les calomnies écrites , imprimées & répandues au loin , doivent-elles attirer ſur la tête de leurs Auteurs tous les anathêmes de la Juſtice. Toutes les autorités ſe réuniſſent en faveur de ce principe inconteſtable, *ſi quis*, dit une Loi Romaine, *publicè aliquem diffamaverit , ti que convicium fecerit , vel carmen famoſum condiderit ad alterius injuriam , fuſtibus feriatur.* Ailleurs , diſent *les Inſtitutes ,* titre DE INJURIIS, *vel ſi quis ad infamiam alicujus , libellum , aut carmen , aut hiſtoriam , ſcripſerit , compoſuerit , ediderit , dolo ve malo fecerit , quo quid eorum fieret.*

L'article 13 de la déclaration du 17 Janvier 1561 , « veut que tout Imprimeurs , ſemeurs & » vendeurs de placards & libelles diffamatoires, » ſoient punis, pour la première fois , du fouet, » & pour la ſeconde de la vie ».

Mais les condamnations que vous avez à prononcer, Meſſieurs, doivent frapper non-ſeulement ſur les Auteurs , mais encore ſur les Imprimeurs & diſtributeurs des libelles. Cette vérité ne peut

faire

faire la matière d'un doute; elle prend sa source dans les autorités les plus irréfragables.

L'article 77 de l'ordonnance de Moulins, défend expressément « à tous les sujets du Royaume, » *d'écrire, imprimer & exposer en vente* aucuns » livres, libelles ou écrits diffamatoires & convi- » cieux contre l'honneur & renommée des per- » sonnes, sous quelque prétexte ou occasion que » ce soit, & déclare *tels écritures , Imprimeurs &* » *vendeurs , & chacun d'eux ,* infracteurs de paix & » perturbateurs du repos public, & comme tels » *veut qu'ils soient punis des peines contenues ès-édits* » *du Royaume* ».

La Déclaration d'Avril 1571, article 10, & l'Edit de Septembre 1577, article 14, défendent, à peine de punition corporelle , tous *libelles*, placards & portraits diffamatoires; & veulent qu'il soit procédé extraordinairement, *tant contre les Auteurs , com- positeurs & Imprimeurs , que contre ceux qui les publieront à la diffamation d'autrui.* AD ALTERIUS INJURIAM.

L'Edit de Janvier 1626, veut que tous ceux qui se trouveront avoir attaché ou *semé* des pla- cards & *libelles diffamatoires*, soient punis de mort.

L'Edit d'Août 1686 , que les Libraires & Im- primeurs de Paris ne peuvent ignorer, puisqu'il leur sert de Réglement, porte, titre 13 , article

62 , « *que les Imprimeurs-Libraires & autres per-*
» *fonnes qui imprimeront ou feront imprimer des*
» *livres ou libelles diffamatoires* , feront punis,
» fuivant la difpofition des Ordonnances. »

Le réglement du Confeil , du 2 Février 1723 ,
art. 99 , porte entre autres chofes , « que *ceux*
» *qui imprimeront* , *vendront* , *expoferont* , *diftribue-*
» *ront ou colporteront des livres ou libelles* contre
» l'honneur & la réputation des familles *& des*
» *particuliers* , feront punis fuivant la rigueur des
» ordonnances , & qu'à l'égard des Imprimeurs, ils
« feront entr'autres chofes , déclarés incapables
« d'exercer leur profeffion , fans pouvoir jamais
» y être rétablis ».

On trouve dans la déclaration de Mai 1728 ,
des difpofitions auffi précifes. L'article 10 , porte
» que *les Imprimeurs & Compofiteurs de libelles* ,
» feront condamnés pour la première fois au car-
» can , même à plus grande peine , s'il y échet ,
» fans modération pour la peine du carcan , &
» en cas de récidive , aux galères pour 5 ans ,
» qu'à l'égard de ceux qui ont *compofé & fait im-*
» *primer des libelles ; enfemble ceux qui les ont*
» *diftribués ou colportés* , ils feront condamnés
» comme perturbateurs du repos public ; favoir,
» la première fois au banniffement à temps, hors
» le reffort du Parlement où ils feront jugés ; &

» en cas de récidive , au banniſſement à perpétuité
» hors du Royaume ».

Les autorités que nous venons de rapporter &
que nous aurions pu multiplier à l'infini , nou^s
apprennent, Meſſieurs , que ſi aujourd'hui il arrive
quelquefois que le calomniateur échappe à l'infamie , il ne peut , au moins, non plus que l'Imprimeur qui met au jour ſa calomnie , échapper à
une condamnation de dommages-intérêts. Nous
allons vous citer un ſeul exemple pris entre mille ,
qui vous prouvera que l'Imprimeur eſt perſon-
nellement reſponſable de la diffamation à laquelle
il a prêté ſon miniſtère.

Les Députés de la Robe & de la Nobleſſe de
la Province du Dauphiné , préſentèrent au Con-
ſéil d'Etat du Roi , une requête remplie d'inculpations injurieuſes , contre M. *Talon* , l'un des
Conſeillers ordinaires. Un Arrêt du 21 Février
1637, ordonna la lacèration de cette requête &
des réparations envers le Magiſtrat calomnié ;
l'Imprimeur , des preſſes duquel ce libelle était
ſorti , fut en outre décrété de priſe-de-corps, &
renvoyé devant le Lieutenant-Criminel de Lyon,
pour ſon procès lui être fait & parfait à l'extraor-
dinaire.

Si donc il eſt de la juriſprudence la plus conſ-
tante de prononcer au criminel des condamnations

contre les Auteurs & lesImprimeurs d'écrits calomnieux , il en réfulte par une conféquence toute
neceffaire & conforme d'ailleurs aux principes de
la matière , que les Auteurs & Imprimeurs font
folidaires pour des condamnations pécuniaires.
Raifonner autrement , ferait pêcher contre ces
principes confervateurs ds l'honneur & de la réputation des citoyens.

Eh , fi on les pouvait contefter avec fuccès ,
(faififfez , je vous prie, Meffieurs, cette réflexion)
il en réfulterait journellement que les imprimeurs
indiqueraient de faux auteurs , des gens fans lettres,
fans fortune & fans domicile , contre lefquels on
ne pourrait exécuter les jugemens qui les condam-
neraient. Le même inconvénient exifterait à l'égard
des auteurs véritables dépourvus de toutes reffour-
ces , comme on en voit quelquefois , & vous ne
pourriez jamais , Meffieurs , empêcher le mal que
vous voulez détruire. Mais fi , conformément à
tous les principes , les imprimeurs font folidaires
avec les auteurs , vons impofez à ces premiers
l'obligation d'examiner les manufcrits qu'on leur
confie , & de n'imprimer aucun écrit calomnieux,
ou contraire à la tranquillité publique.

Ceux dont fe plaint le citoyen que je défends ,
portent le coup le plus terrible à fon honneur. Ils
ont fait & font encore la plus grande fermentation

dans cette capitale & dans les provinces. Les uns prétendent , que ne pouvant efpérer de fe tirer d'affaire , il s'eft brûlé la cervelle dans les prifons d'autres qu'il doit être inceffamment pendu , & que fon corps doit être coupé en plufieurs quartiers & attaché aux différentes portes de cette ville ; d'autres enfin qu'on doit lui faire grace , en faveur des déclarations importantes qu'il promet de faire contre les ennemis de la révolution. La rétractation qu'il demande contre les auteurs des calomnies dont il fe plaint , les dommages-intérêts auxquels il a conclu , tant contre ces derniers , que contre les imprimeurs qui ont aidé fes calomniateurs , ne peuvent donc faire aucune difficulté.

Vous avez entendu , Meffieurs , les principaux moyens de ma caufe. Elle eft celle du public , elle intéreffe la fûreté individuelle du citoyen que je défends , & de fa famille. Ce font les droits d'homme qu'il réclame ; c'eft une réparation qu'il demande à fon honneur attaqué de toutes parts : vous êtes trop juftes pour la lui refufer. Quelle qu'elle foit, elle fera toujours bien inférieure au préjudice que lui caufent les calomnies dont j'ai eu l'honneur de que vons rendre compte : le trait ne retourne point à l'arc d'où il eft parti.

S'il était permis à celui que je défens , de vous réitérer ici les fentimens qu'il nous a témoignés , en réclamant notre miniſtère, s'il lui était permis de faire à votre audience ſa profeſſion de foi, de vous peindre lui-même ſon patriotiſme, il vous dirait, Meſſieurs, comme il nous l'a dit à nous même : » Qu'ai-je fait à ceux qui m'outragent ſans » pitié, comme ſans juſtice, dans les écrits que » je ſuis forcé de vous dénoncer? Quelles preuves « donneront-ils à l'appui des imputations atroces » qu'ils impriment contre moi? Quel intérêt ont-» ils à diffamer ſans ſujet un citoyen irréprocha-» ble, déjà aſſez malheureux d'exercer un état » qui livre journellement à ſa ſenſibilité les plus » déchirans combats. Mes chers Concitoyens, » continuerait celui que je défens, ſerait-ce dans » l'inſtant où ma Patrie ſe régénère, où elle détruit » le préjugé odieux qui me vouait injuſtement à » l'infamie, ſerait-ce enfin dans un inſtant où la » Nation me rétablit dans mes droits d'homme & » de citoyen (1), que j'aurais l'infâme lâcheté de

____

(1) Qu'on ne prétende pas que cette phraſe ſe trouve en contradiction avec la demande des Exécuteurs, en interpréta-tion du Décret de l'Aſſemblée Nationale, du 24 Décembre dernier. Qu'on liſe leur Mémoire, & l'on verra qu'ils deman-dent ſeulement une diſpoſition plus préciſe, en convenant que l'opinion des perſonnes qui prétendent que ce Décret ne donne pas aux Exécuteurs la qualité de *Citoyens*, eſt contraire, *peut-être*, à l'intention des Légiſlateurs dont il émane.

» la trahir ? Non , fans doute ! & bien loin de
» tremper dans des complots & de participer à
» des attentats dont l'idée feule me fait horreur ,
» je voue à la honte & à l'exécration de tous les
» fiècles , ces hommes pervers qui veulent ren—
» verfer le fuperbe édifice , élevé par le patriotifme
» des pères de la Patrie , & qui ofent , dans leur
» délire facrilége , menacer des têtes fi chères. »

M. le procureur-fyndic-adjoint, vous a peint ,
dans une de vos précédentes audiences , avec
toute l'énergie & l'éloquence qui le caractérifent ,
les dangereux effets de ces libelles qu'enfante
journellement ce qu'on appelle *la liberté de la preffe ;*
liberté qui eft devenue en quelque forte le droit de
calomnier , liberté qui méconnaît toutes les bien-
féances , qui viole toutes les loix ; liberté enfin qui ,
naiffante à peine , eft déjà dégénérée en licence ,
& qui a fait difparaître la févérité de nos formes ,
& la fageffe de nos principes. Je laiffe à la fageffe
& aux lumières du miniftère public les conclufions
ultérieures qu'il convient de prendre ; j'obferve , en
terminant , que l'impreffion & l'affiche de trois
mille exemplaires de votre fentence à intervenir ,
fuffiront à peine pour défabufer cette ville & la
province , des calomnies dont fe plaint celui que je
défends ; il attend de votre juftice un jugement qui
apprenne à la France & à l'Europe entière , que le.

B 4

bon ordre eſt l'objet continuel de vos ſollicitudes,
que les droits de tous les citoyens vous ſont égale-
ment précieux, & que vous ne faites acception de
perſonne.

Je perſiſte dans mes Concluſions.

Mᵉ MATON DÉ LA VARENNE, Avocat.

*EXTRAITS des Jugemens rendus ſur la plaidoierie de
Mᵉ Maton de la Varenne, le même jour, 27 Janvier* 1790.

PREMIER JUGEMENT.

» PARTIES OUIES, enſemble le procureur-ſyndic-
» adjoint de la commune (1), en ſes concluſions,
» lecture faite du paragraphe inſéré dans le N° 23
» du Journal intitulé : *Révolutions de Paris,* com-
» mençant par ces mots : *on vient de découvrir,* &
» finiſſant par ceux-ci : *s'ils étoient les plus forts.*

» LE TRIBUNAL donne acte à la partie de *Me*
» *Cellier* (le ſieur *Prud'homme,*) de ſa déclaration
» qu'elle eſt prête à rétracter dans ſon prochain
» Numéro le paragraphe dont il s'agit ; en conſé-
» quence, ordonne qu'elle fera, conformément à

____

(1) Me *Mitouflet de Beauvois.*

» ſes offres, ladite rétractation dans le prochain
» Numéro de ſon Journal , &c. »

SECOND JUGEMENT.

» Ouï Me *Maton de la Varenne* en ſon plaidoyer,
» enſemble le procureur-ſyndic-adjoint de la Com-
» mune, en ſes concluſions, LE TRIBUNAL donne
» défaut contre le Sieur *Gorſas* ; faiſant droit au
» principal, ordonne que le paragraphe inſéré dans
» le N° 19 du Journal intitulé *le Courier de Paris*
» *dans les Provinces* , avec cette épigraphe : *vires*
» *acquirit eundo* ; ledit paragraphe commençant par
» ces mots : *il s'eſt beaucoup agi de l'Exécuteur des*
» *Arrêts criminels* , & finiſſant par ceux-ci : *avec au-*
» *tant d'éloquence qu'on a prouvé à l'Aſſemblée Na-*
» *tionale qu'il devoit être éligible* , ſera & demeurera
» ſupprimé, COMME CALOMNIEUX , ordonne que
» ledit *Gorſas* ſera tenu de ſe rétracter dans le plus
» prochain Numéro de ſon Journal, le condamne
» en 100 livres de dommages & intérêts envers la
» partie de Me *Maton de la Varenne* , applicables
» du conſentement de ladite partie, aux pauvres du
» Diſtrict de S. Laurent ; fait défenſes audit *Gorſas*
» de récidiver ſous telles peines qu'il appartiendra ;
» ordonne que le préſent jugement ſera imprimé &
» affiché au nombre de 300 exemplaires , aux frais

» dudit *Gorsas*, & envoyé aux 60 Districts ; sur le
» surplus des demandes, met les parties hors de
» Cour, & condamne ledit *Gorsas* aux dépens &c. »
Nota. Le Sieur *Gorsas* a formé opposition à ce
jugement, le 30 Janvier. Voyez pages 28 & 33 le
plaidoyer & le Jugement relatifs à cette opposition.

TROISIEME JUGEMENT.

» PARTIES OUIES, ensemble le procureur-syn-
» dic-adjoint de la Commune, en ses conclusions,
» lecture faite du paragraphe inséré audit Journal
» (intitulé Assemblée Nationale, 61e Séance dans
» la Capitale).

» LE TRIBUMAL donne acte audit *de Beaulieu*,
» de sa déclaration, qu'il est prêt de rétracter dans
» son prochain numéro, le paragraphe dont il
» s'agit ; en conséquence, ordonne qu'il fera, con-
» formément à ses offres, ladite rétractation,
» dans le plus prochain numéro de son Journal ;
» lui fait défenses de plus à l'avenir se permettre
» de telles imputations, sous telles peines qu'il ap-
» partiendra : condamne ledit de Beaulieu au coût
» de l'exploit d'assignation, des présentes, & de
» la signification d'icelles ; &c. sur le surplus des
» demandes, fins & conclusions des Parties, les
» met hors de cour. »

QUATRIEME JUGEMENT.

« PARTIES OUIES ; enſemble le Procureur-
» Syndic-Adjoint de la Commune, en ſes conclu-
» ſions, lecture faite des paragraphes inſérés dans
» les numéros 77 & 81 , du Journal intitulé *Le*
» *Courier de Paris, ou le Publiciſte Français*, avec
» cette épigraphe : *nec lædere, nec adulari.*

» LE TRIBUNAL donne acte audit *Deſcentis*,
» (Auteur du Journal ci-deſſus déſigné,) de ſes
» offres de ſe rétracter dans ſon prochain numéro ;
» ordonne que, conformément à icelles, il ſera
» tenu de faire ladite rétractation dans le plus pro-
» chain numéro dudit Journal ; lui enjoint d'être
» plus circonſpect à l'avenir dans ſes inculpations ,
» ſous telles peines qu'il appartiendra ; ſur le ſurplus
» des demandes, fins & concluſions dudit *Sanſon* ,
» met les Parties hors de Cour ; condamne ledit
» Deſcentis au coût de l'exploit d'aſſignation, des
» préſentes , de la ſignification d'icelles , &c. »

CINQUIEME JUGEMENT.

» PARTIES OUIES , enſemble le procureur ſyn-
» dic-adjoint de la commune, en ſes concluſions.
« LE TRIBUNAL donne acte au procureur ſyndic

» adjoint, de la déclaration faites par *Desmoulins*
» en personne à l'audience , qu'il n'a pas donné
» pouvoir à *M.......* de protester ; faisant droit
» au principal, ordonne que *Desmoulins*, confor-
» mément à ses offres, sera tenu de se rétracter
» dans le prochain numero de son journal (intitu-
» lé *Révolutions de France & du Brabant*, avec
» cette épigraphe *quid novi ?*) lui fait défenses de
» plus à l'avenir récidiver, sous telles peines qu'il
» appartiendra ; sur le surplus des demandes, fins
» & conclusions des parties, les met hors de cour;
» condamne le dit *Desmoulins* au coût de l'exploit
» d'assignation, des présentes, de la signification
» d'icelles, &c. »

PLAIDOYER *prononcé à l'audience du Tribunal
de Police de l'Hôtel-de-Ville de Paris , le mercredi 3 février 1790 ; sur l'opposition du sieur* Gorsas,
à la Sentence du 27 Janvier précédent.

MESSIEURS,

Le Jugement aussi doux qu'équitable, que vous
avez rendu le 27 du mois dernier, contre le sieur
Gorsas, sur les conclusions du Ministère public,
nous avoit fait croire que ce Journaliste s'empres-
serait d'y souscrire & de réparer ainsi une faute

digne de toute votre sévérité. Mais nous reconnaiſſons avec douleur que nous avons penſé de lui trop favorablement.

Le ſieur *Gorſas*, égaré ſans doute par des conſeils perfides, a formé oppoſition à votre Sentence. ſe ferait-il donc illuſion juſqu'au point de croire qu'on peut calomnier impunément des gens de bien, parce qu'ils paraiſſent ſans protecteurs & ſans appui ? Ignore-t-il donc que les Tribunaux ſont ouverts à tous les hommes, ſans diſtinction, & que les libelliſtes y trouvent toujours le châtiment réſervé aux ennemis du bien public ?

Vous avez vu, Meſſieurs, par la lecture du n°. 19 d'un libelle intitulé *le Courier de Paris dans les Provinces*, dont j'ai eu l'honneur de vous donner connoiſſance la ſemaine dernière, que l'adverſaire y *accuſe celui que je défens, d'avoir eu chez lui des preſſes ſur leſquelles s'imprimaient tous les abominables libelles qu'on faiſait circuler dans les Provinces, pour les exciter à la révolte & aux meurtres*, ce ſont les expreſſions du libelliſte. *C'était*, continue-t-il, *dans la laide & tortueuſe rue Saint-Jean, dans la maiſon odieuſe d'un bourreau, que ſe tenaient des aſſemblées, dont les honorables Membres s'occupaient utilement à rédiger leurs penſées : c'était de ce foyer impur que s'élançaient ces écrits incendiaires qu'on faiſait circuler enſuite ſous le cachet reſpectable de l'Aſſemblée Nationale.*

Vous avez vu encore que le fieur *Gorfas* a annoncé l'arrêtation & l'emprifonnement prétendus de celui que je défends; vous connaiffez les réflexions qu'il s'eft permifes à cet égard.

C'eft cependant après avoir répandu dans toute l'Europe des calomnies de cette nature contre un citoyen connu par fon patriotifme , que le fieur *Gorfas* prétend trouver grace devant vous , & fe faire décharger des juftes condamnations que vous avez prononcées contre lui , à l'une de vos dernières audiences. Certainement , Meffieurs , ce libellifte s'abufe , & le fol efpoir qu'il a conçu d'échapper à la punition qu'il mérite , eft un outrage fait à votre fageffe , à vos principes & à la loi , dont vous êtes les organes.

Le fieur Gorfas ne s'eft pas contenté de faire circuler par-tout les accufations calomnieufes dont nous venons de vous rendre compte ; il a encore ofé , depuis la réparation que lui en a demandée celui que je défends , le mettre au nombre de ce qu'il appelle *des vagabonds foudoyés* , & s'étonner de ce qu'un exécuteur des arrêts criminels *trouve des faifeurs d'exploits civils & des occupans aux tribunaux* (1).

____

(1) *Vide* la Feuille du fieur *Gorfas* , du 9 Janvier dernier.

Voudrait-il donc , ce folliculaire diffamateur , nous obliger à jetter un coup-d'œil févère fur fa conduite ? Voudrait-il que nous vous fiffions connaître l'opinion qu'il a donnée de lui dans le Diftrict des Cordeliers, fur lequel il demeurait précédemment , & les motions patriotiques qui y ont été faites contre lui, pour d'autres calomnies répandues dans une de fes feuilles , Non , Meffieurs ! Sanfon aura pour lui plus d'indulgence. Que l'adverfaire revienne donc à lui-même , qu'il redoute l'inftant où celui que je défends ferait forcé de mettre au jour certaines actions que fa modeftie lui fait tenir fecrètes , & de prouver qu'il n'eft pas un *vagabond foudoyé*. Qu'il apprenne enfin le fieur *Gorfas* , qu'on ne fe préfente pas dans les Tribunaux, pour y demander juftice , quand on mène une conduite douteufe , & quand on profefle des fentimens anti-patriotiques.

Quant à l'étonnement que témoigne le fieur *Gorfas* fur ce que nous avons le courage de défendre le fieur *Sanfon* dans les Tribunaux , nous nous contenterons de lui répondre avec les fages Repréfentans de la Nation, que les *hommes naiffent & demeurent égaux en droits* ; (1) que nous regardons comme la plus noble de nos fonctions, celle

---

(1) Déclaration des droits de l'homme.

de défendre l'opprimé, quel qu'il foit, contre fes oppreffeurs, & que nous ne calculons pas ce que la mauvaife foi, la calomnie & la vengeance méditent contre nous, quand il s'agit de remplir notre devoir.

Nous déplorions, à l'une de vos précédentes audiences, les dangereux effets de la liberté de la preffe. Par quelle fatalité, Meffieurs, fommes-nous déjà forcés de gémir fur ce bienfait, encore nouveau, de la raifon & de la philofophie, qui renverfe les limites qu'un defpotifme odieux fixait aux connoiffances humaines ? Pourquoi faut-il que la plus belle prérogative d'un peuple libre foit déjà devenue l'inftrument de la calomnie entre les mains de quelques hommes qu'elle devrait éclairer fur leurs devoirs ? Que le fieur *Gorfas*, loin de perfécuter injuftement les gens de bien, confacre fes talens à les défendre, qu'il éclaire les opinions & les principes, qu'il cite toujours les hommes au tribunal de la raifon, & nous ferons alors les premiers à l'admirer.

Mais, Meffieurs, il eft tems que vous faffiez ceffer le fcandale que caufent dans cette Capitale & dans les Provinces les calomnies qu'il s'eft permifes ; il eft tems que vous puniffiez une diffamation effrayante par les conféquences qu'elle a déja dans plufieurs villes du Royaume ; celui que je

défends

(35)

défends vous confie fa vengeance. Des dommages & intérêts, l'impreffion & l'affiche de votre
jugement à intervenir ; en un mot, la confirmation
de celui auquel le fieur *Gorfas* eft oppofant , peuvent feuls apporter quelque remede au mal qu'il
a produit par fes libelles périodiques. Malheur
à lui s'il perfiftait à refufer de reconnaître la
fageffe des condamnations que vous avez prononcées contre lui, & s'il ne fe rendait pas fon
propre Juge ! Ce ferait alors un méchant , qu'il
faudrait abandonner à toute la rigueur des Loix ,
à fa confcience & au mépris public.

Je perfifte dans mes Conclufions.

Me MATON DE LA VARENNE , Avocat.

EXTRAIT du Jugement rendu contre le fieur Gorfas ,
le même jour 3 Février 1790.

« PARTIES OUIES, enfemble Me Bond-Claude
» *Cahier de Gerville* , Procureur-Syndic-Adjoint
» de la Commune, en fes conclufions ;

» LE TRIBUNAL reçoit le fieur *Gorfas* oppofant
» au Jugement du 27 Janvier dernier ; faifant
» droit au principal , ordonne que le paragraphe
» inféré dans le N°. 19 du Journal intitulé : *Le*

C

Courier de Paris dans les Provinces, avec cette
» épigraphe : *Vires acquirit eundo* ; ledit paragra-
» phe commençant par ces mots : *Il s'est beaucoup*
» *agi de l'Exécuteur des Arrêts criminels*, & finiſſant
» par ceux ci : *Avec autant d'éloquence qu'on a*
» *prouvé à l'Aſſemblée Nationale qu'il devoit être*
» *éligible*, ſera & demeurera ſupprimé, COMME
» CALOMNIEUX ; donne acte audit *Gorſas* de ſa
» rétractation ; ordonne qu'il ſera tenu de la réité-
» rer dans le plus prochain N°. de ſon Journal ; le
» condamne en 20 liv. de dommages & intérêts
» envers ledit *Sanſon*, applicables, DE SON
» CONSENTEMENT, aux pauvres du Diſtrict Saint
» Laurent; fait défenſes audit *Gorſas* de récidiver,
» *ſous telles peines qu'il appartiendra;* ordonne
» que le préſent Jugement ſera imprimé & affiché
» au nombre de deux cens exemplaires *aux frais*
» *dudit Gorſas;* condamne ledit Gorſas au coût
» de l'exploit d'aſſignation, des préſentes, de la
» ſignification d'icelles, &c. ».

(35)

LETTRE écrite au fieur *Gorfas*, Auteur du *Courier de Paris dans les Provinces.*

Ce 5 Février 1790.

J'avais tout lieu de croire, Monfieur, d'après la parole que vous m'aviez donnée, Mercredi dernier, à l'Audience, que vous rétracteriez le lendemain les calomnies répandues contre le fieur *Sanfon*, dans plufieurs numéros de votre feuille. Dans cette confiance, & par confidération pour MM. *M........ de B...... & C..... de G.......* Je confentais, à VOTRE INSTANTE PRIERE, d'engager mon client à ne point faire afficher le Jugement du Tribunal de Police ; mon intention était même d'empêcher toutes pourfuites ultérieures ; mais on m'apporte à l'inftant votre feuille du 28 Janvier dernier (1), & celle d'aujourd'hui, dans lefquelles

____

(1) On y lit, fous titre d'*anecdote* l'article fuivant :
« On a plaidé hier à la Commune une caufe très-fingu-
» liere, entre *Sanfon*, BOURREAU de la Ville, Prévôté &
» Vicomté de Paris, & quelques Gens de lettres. On nous
» a affuré que l'un des points capitaux du Procès, étoit que
» ce BOURREAU ne veut pas qu'on l'appelle BOURREAU,
» attendu qu'il y a un, quatre, ou dix Arrêts du Confeil

vous vous permettez de nouvelles injures (1),
& des réflexions faites pour mortifier un

» qui entendent & prétendent qu'on l'appelle Exécuteur des
» Arrêts criminels.

» On nous a assuré encore, qu'entr'autres conclusions, il
» a pris celles-ci : *que le mot* BOURREAU *fût rayé du Diction-*
» *naire de l'Académie.*

» Ce ferait bien le cas d'appliquer ce mot : CARNIFEX !
» QUOQUO, NISI CARNIFICIS NOMINE, TU APPELLANDUS?

» On nous affure, enfin, qu'un Avocat des parties avait
» pris au tragique cette affaire, & qu'il avait dit, entr'autres
» chofes, qu'un Bourreau ne pouvait plaider qu'avec la lan-
» terne du coin de la rue de la Vannerie. »

Nous annonçons que cette derniere affertion du fieur *Gorfas*
eft auffi fauffe que toutes les autres. Un Avocat connait trop
la dignité de fes fonctions, pour fe permettre d'auffi fottes
plaifanteries.

(1) On lit ce qui fuit, feuille du 5 Février, avec la
note ci-après :

« L'audition des témoins à la décharge de l'accufé, (le
» Marquis *de Favras*,) fe continue cependant, & l'on croit
» que M. le Procureur du Roi en fera pour fes conclusions ;
» le Marquis *de Favras* pour la peur, & *mon Concitoyen* (*)
» *Sanfon*, BOURREAU de Paris, pour fes efpérances. »

(*) C'eft une énigme que nous fommes condamnés à expliquer; mais comme
nous voulons faire les chofes en régle, avec réflexion & authenticité , nous
prenons un peu de marge. NOTE DU SIEUR GORSAS.

homme fenfible. Malgré tout le plaifir que j'aurais eû à vous obliger, je n'en fuis plus le maître. Votre nouvelle infulte à mon client le détermine, ainfi que fa famille, contre laquelle il régne par-tout la plus grande fermentation, à rendre public un Jugement que je voulois enfevelir dans l'oubli.

Quant au ridicule que vous avez voulu jetter indirectement fur moi, en annonçant dans votre feuille du 28 Janvier, qu'on avait conclu entr'autres chofes, à ce que le mot BOURREAU *fût rayé du Dictionnaire de l'Académie* ; je ne crois pas qu'il exige de ma part une réponfe férieufe. Vos Lecteurs judicieux fe perfuaderont fans peine qu'un Avocat ne prendrait jamais des conclufions de cette nature ; ils verront bien que le mot *Bourreau* n'était pas l'objet principal de celles qui ont été prifes, & que le fieur Sanfon vous demandait réparation des calomnies que vous avez fait circuler contre lui dans toute la France.

Il m'en coûte, Monfieur, de ne pouvoir vous éviter un défagrément que vous caufe votre plaifir opiniâtre à chagriner un honnête homme. Je connais les égards que fe doivent entr'eux les Gens de lettres : à ce titre, j'aurais été flatté d'entrer dans vos vues ; mais il eft des circonftances où l'on ne peut fuivre le vœu de fon cœur, à l'égard

des perfonnes qu'on defirerait pouvoir convaincre
de fon eftime.

J'ai l'honneur d'être, &c.

Signé, MATON DE LA VARENNE,
Avocat au Parlement.

www.ingramcontent.com/pod-product-compliance
Lightning Source LLC
LaVergne TN
LVHW011414170726
843501LV00006B/2206